1. Beten – wie geht das denn?

Du hast ein Gebetbuch in der Hand.
Ein Buch mit Gebeten.
Beten ist sprechen mit Gott.
Aber wie geht das überhaupt,
mit Gott sprechen, beten?

WIE KANN ICH MIT DEM BETEN BEGINNEN?

Gut ist es, still zu werden. Du kannst die Hände falten,
das hilft dir, ganz bei dir zu sein.
Ein Gespräch beginnt immer mit der Anrede: Mama,
ich möchte .... Hallo Oma .... Hi Lisa ....
Ein Gebet beginnt auch mit einer Anrede:
„Im Namen des Vaters
und des Sohnes und des Heiligen Geistes. Amen."
Das heißt soviel wie: „Hallo lieber Gott ..."
Dazu kannst du das Kreuzzeichen machen und mit Gott
ins Gespräch kommen.

WANN KANN ICH MIT GOTT SPRECHEN?

Du überlegst vielleicht,
wann du mit Gott sprechen kannst?
Schön ist es, wenn du es zu einer festen
Gewohnheit machst, zu bestimmten
Zeiten zu beten.

Morgens, bevor du in den Tag
startest, kannst du Gott um seinen
Segen für den Tag bitten,
dass er dich begleitet und beschützt.

Mittags mit dem Tischgebet
kannst du Gott für das Essen danken.

Abends, wenn du ins Bett
gehst, kannst du auf den Tag zurückschauen:
Was war heute schön,
was ist nicht so gut gelaufen?

Wo habe ich mich gefreut, wo
habe ich vielleicht etwas gemacht,
was mir heute Abend leidtut?

WAS HILFT MIR BEIM BETEN?

Weißt du, was ein Ritual ist? Das ist eine Handlung, die nach vorgegebenen Regeln abläuft.
Du kennst auch Rituale. Wenn du z.B. abends ins Bett gehst, gibt es bestimmt eine Reihenfolge von Dingen, die du immer genau so machst, bevor das Licht gelöscht wird ....

Für das Gebet kannst du auch Rituale schaffen.

Morgens, bevor du aus dem Haus gehst, kannst du mit Mama oder Papa gemeinsam ein Gebet sprechen. Deine Eltern zeichnen dir vielleicht ein Kreuz auf die Stirn: Gott segne dich.

Mittags am Tisch sprecht ihr ein gemeinsames Gebet. Vielleicht fasst ihr euch dazu an den Händen. Oder ihr singt das Tischgebet.

Abends vor dem Zubettgehen nimmst du dir bewusst Zeit, auf den Tag zurückzu-schauen. Genauso, wie die Gutenachtge-schichte ihren festen Platz hat. Vielleicht betet ihr abends auch gemeinsam in der Familie, zündet dazu eine Kerze an.

WIE SPRECHE ICH MIT GOTT?

In diesem Buch findest du viele Gebete. Die soge-
nannten Grundgebete, die alle Christen auf der ganzen
Welt so beten, und Gebete zu den verschiedensten
Themen. Blätter einfach mal in Ruhe!

Manchmal gibt es auch Dinge, die möchtest
du dem lieben Gott erzählen,
aber es fällt dir das passende Gebet nicht ein.
Dann sag es mit deinen eigenen Worten.
Der liebe Gott hört dir zu und weiß,
was du meinst. So wie du sagen darfst:

Danke lieber Gott ... oder:
Bitte lieber Gott ..., so darfst du auch sagen:
Lieber Gott, heute bin ich richtig sauer ....
Lieber Gott, ich bin so traurig ....
Und wenn es ganz schlimm ist, darfst du
den lieben Gott auch fragen:
Sag mal, hast du mich heute vergessen?

Der liebe Gott versteht dich und hört dir zu, auch und
gerade dann, wenn alle anderen gerade keine Zeit
haben.

7

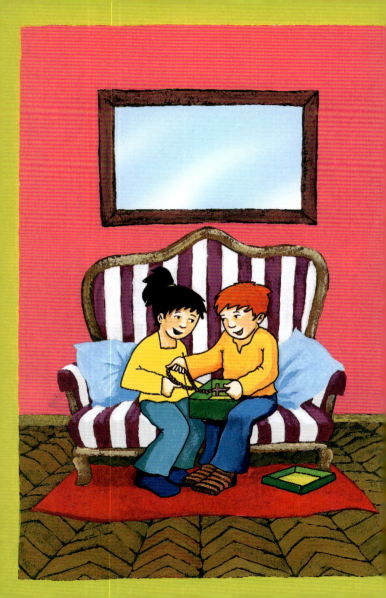

2. Grundgebete

DAS KREUZZEICHEN

Im Namen des Vaters
und des Sohnes
und des Heiligen Geistes. Amen.

DAS VATERUNSER

Vater unser im Himmel,
geheiligt werde dein Name.
Dein Reich komme.
Dein Wille geschehe,
wie im Himmel, so auf Erden.
Unser tägliches Brot gib uns heute.
Und vergib uns unsere Schuld,
wie auch wir vergeben unsern Schuldigern.
Und führe uns nicht in Versuchung,
sondern erlöse uns von dem Bösen.
Denn dein ist das Reich und die Kraft
und die Herrlichkeit in Ewigkeit. Amen.

WIR DÜRFEN
MIT ALLEM ZU GOTT KOMMEN

Lieber Gott, wir dürfen mit allem zu dir kommen.
Wenn wir uns freuen, wenn wir sauer sind,
wenn wir traurig sind.
Dir dürfen wir alles sagen, so wie wir Mama
und Papa alles sagen können.
Du hast uns lieb,
wie Mama und Papa uns lieb haben.
Darum dürfen wir dich so ansprechen:
Vater unser im Himmel

Namen sind wichtig. Sie sagen uns,
wer wer ist. Die Namen der Menschen,
die wir lieb haben, sind uns besonders wichtig.
Die vergessen wir bestimmt nicht.
Lieber Gott, dein Name ist uns auch ganz wichtig,
deshalb beten wir:
Geheiligt werde dein Name

Gott, du möchtest, dass die Welt ein Reich des Friedens ist
Wir Menschen sollen in Frieden miteinander leben,
ohne Zank und Streit.
Lieber Gott, hilf uns und allen Menschen dabei,
so zu leben, dass diese Welt Wirklichkeit werden kann.
Wir bitten dich:
Dein Reich komme

Gott, du hast uns durch deinen Sohn Jesus gezeigt,
wie Leben gelingen kann.
Du möchtest, dass wir Jesus nachfolgen und auf das hören,
was er uns sagt.
Wir bitten darum, dass wir so leben, wie Jesus es uns
gezeigt hat und wie du, Gott, es möchtest:
Dein Wille geschehe, wie im Himmel, so auf Erden

Brot
Lebensmittel
Mittel zum Leben
Viele Menschen leiden Hunger, haben nichts zu essen.
Wir bitten um das, was wir zum Leben brauchen:
Das tägliche Brot, stellvertretend für das,
was uns satt macht:
Unser tägliches Brot gib uns heute

Lieber Gott, du verzeihst uns das,
was wir falsch gemacht haben.
Du möchtest aber auch, dass wir einander verzeihen,
wenn etwas schief gelaufen ist zwischen uns.
Deshalb dürfen wir bitten:
Vergib uns unsere Schuld,
wie auch wir vergeben unsern Schuldigern

Lieber Gott, mach uns stark, dass wir NEIN sagen,
wo wir wissen: Das ist nicht richtig, was wir jetzt tun wollen.
Hilf uns, das böse Wort nicht zu sagen
und den Streit nicht anzuzetteln.
Lass uns auch an den Gummibären vorbeigehen,
wenn Mama verboten hat, davon zu nehmen.
Und führe uns nicht in Versuchung

Auf der Erde gibt es viel Krieg und Terror.
Viele Menschen sterben durch Bomben
und Terroranschläge. Viele haben kein Zuhause mehr,
ihre Häuser sind zerstört, sie sind auf der Flucht.
Sie wissen nicht, wie es weitergehen soll.
Statt Frieden herrscht Gewalt.
Wie bitten dich:
Erlöse uns von dem Bösen

Lass die Verantwortlichen erkennen,
dass sie mit Terror und Gewalt nichts erreichen.
Zeige ihnen Wege des Friedens.
Lass uns alle Schritte des Friedens tun,
damit die eine Welt des Friedens Wirklichkeit werden kann.
Denn dein ist das Reich
und die Kraft
und die Herrlichkeit.
In Ewigkeit. Amen.

DAS GLAUBENSBEKENNTNIS

Ich glaube an Gott,
den Vater, den Allmächtigen,
den Schöpfer des Himmels und der Erde,
und an Jesus Christus,
seinen eingeborenen Sohn, unsern Herrn,
empfangen durch den Heiligen Geist,
geboren von der Jungfrau Maria,
gelitten unter Pontius Pilatus,
gekreuzigt, gestorben und begraben,
hinabgestiegen in das Reich des Todes,
am dritten Tage auferstanden von den Toten,
aufgefahren in den Himmel;
er sitzt zur Rechten Gottes,
des allmächtigen Vaters;
von dort wird er kommen,
zu richten die Lebenden
und die Toten.
Ich glaube an den Heiligen Geist,
die heilige katholische Kirche,
Gemeinschaft der Heiligen,
Vergebung der Sünden,
Auferstehung der Toten
und das ewige Leben. Amen.

JA, ICH GLAUBE!

Ich glaube, dass der liebe Gott
mich so lieb hat und beschützt,
wie Mama und Papa mich lieb haben und beschützen.

Ich glaube, dass der liebe Gott alles gemacht hat,
den Himmel, die Erde und alles, was auf ihr
wächst und lebt.

Jesus ist auf diese Welt gekommen,
als Kind, ganz klein; so wie ich, als ich
geboren wurde. Maria war seine Mama.

Er hat den Menschen viel vom lieben Gott erzählt,
hat vielen von ihnen geholfen und wurde doch
von ihnen ans Kreuz geschlagen und ist gestorben.
Aber es war nicht alles aus.

Er ist wieder auferstanden und hat den Menschen
neue Hoffnung gegeben.
Ich freue mich so, dass Jesus mein Freund ist,
dass ich auch anderen gerne von ihm erzähle.

Ich glaube daran, dass die Kirche ein Haus
aus bunten Steinen ist, und wir alle,
Mama, Papa, Oma, Opa, meine Geschwister und Freunde
alle hier, solche bunten, lebendigen Steine sind.

Ich glaube daran, dass der liebe Gott
uns das verzeiht, was wir falsch gemacht haben,
weil er uns ganz lieb hat. Amen.

DAS SCHULDBEKENNTNIS

Ich bekenne Gott, dem Allmächtigen,
und allen Brüdern und Schwestern,
dass ich Gutes unterlassen
und Böses getan habe
– ich habe gesündigt
in Gedanken, Worten und Werken –
durch meine Schuld, durch meine Schuld,
durch meine große Schuld.
Darum bitte ich die selige Jungfrau Maria,
alle Engel und Heiligen
und euch, Brüder und Schwestern,
für mich zu beten bei Gott unserem Herrn.

LIEBER GOTT, ICH HABE ETWAS FALSCH GEMACHT!

Lieber Gott, ich sage es vor dir und den Menschen:
Ich habe etwas falsch gemacht!
Das böse Wort, der Streit, die Unwahrheit.
Ich habe meinen Bruder getreten,
meine Freundin an den Haaren gezogen.
Lieber Gott, ich weiß, dass ich so etwas nicht tun soll.
Trotzdem ist es passiert.
Ich bitte dich, sei mir nicht böse.
Ich möchte es ab jetzt besser machen.

GEGRÜßET SEIST DU, MARIA

Gegrüßet seist du, Maria,
voll der Gnade,
der Herr ist mit dir.
Du bist gebenedeit unter den Frauen,
und gebenedeit ist die Frucht deines Leibes,
Jesus.
Heilige Maria, Mutter Gottes,
bitte für uns Sünder,
jetzt und in der Stunde unseres Todes. Amen.

MARIA

Heilige Maria, Mutter Gottes,
beten wir.
Maria, du bist eine besondere Frau.
Als Mama von Jesus bist du mit ihm gegangen,
so wie meine Mama mit mir geht.
Du hast mit ihm gespielt und gelernt,
hast mit ihm gelacht, hast mit ihm geweint
und hast ihn getröstet, wenn er traurig war.
Du hast Jesus in die Arme genommen,
so wie meine Mama mich in die Arme nimmt.
Maria, Jesus hat dich lieb gehabt und dir alles gesagt,
wie Kinder ihrer Mama alles sagen.
Ich darf dir auch alles erzählen,
die wichtigen und die unwichtigen Sachen.
Wenn ich mich freue, wenn ich traurig bin.
Danke, dass du mir immer zuhörst, Maria.

DAS ROSENKRANZGEBET

Im Rosenkranzgebet beten wir zu Maria
und schauen mit ihr auf das Leben Jesu.
Sie hat Jesus so gut gekannt, wie eben
nur eine Mutter ihr Kind kennt.
Sie war bei ihm und ist mit ihm gegangen
durchs Leben bis hin unter das Kreuz.
Das Rosenkranzgebet ist ein Gebet, das
sich immer wiederholt. Durch die ständige
Wiederholung der selben Sätze
kann man ganz ruhig werden.
Ich bin aufmerksam für das,
was Gott mir sagen möchte.
Gebetet wird es mit Hilfe
einer Gebetsschnur,
dem Rosenkranz.

Die Perlen des Rosenkranzes sind eine Hilfe zum Abzählen der Gebete. Im Rosenkranzgebet folgen wir Jesus durch sein Leben.
Wir schauen in den sogenannten „Gesätzen" oder Geheimnissen des Rosenkranzes betend auf das, was Maria mit Jesus erlebt hat.

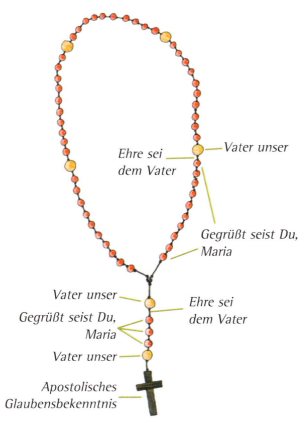

Ehre sei dem Vater

Vater unser

Gegrüßt seist Du, Maria

Vater unser

Ehre sei dem Vater

Gegrüßt seist Du, Maria

Vater unser

Apostolisches Glaubensbekenntnis

ES GIBT 5 VON DIESEN GEHEIMNISSEN.

Die freudenreichen Geheimnisse erzählen von der
Freude Marias, als Jesus zur Welt kam: Von der
Verkündigung durch den Engel Gabriel bis hin zu dem
Tag in Jerusalem, als Maria und Josef den
12-jährigen Jesus im Tempel wiedergefunden haben.
Die schmerzhaften Geheimnisse erzählen von
den Geschehnissen der Karwoche, von Jesu
Leiden und Sterben.
Die glorreichen Geheimnisse verkünden Jesu
Auferstehung und Himmelfahrt.
Die trostreichen Geheimnisse geben uns die
Gewissheit, dass Jesus bei uns ist.
Die lichtreichen Geheimnisse hat Papst Johannes
Paul II. im Jahr 2002 den anderen vier Geheimnissen
hinzugefügt. Sie erzählen aus dem Leben Jesu:
Von der Taufe im Jordan, von seinen Wundern und
dem großen Geschenk der Eucharistie.

ABER WIE BETET MAN NUN
EINEN ROSENKRANZ?

Das Gebet des Rosenkranzes beginnt mit dem Kreuzzeichen:
Im Namen des Vaters und des Sohnes und des
Heiligen Geistes. Amen.

Es folgt das Glaubensbekenntnis:
Ich glaube an Gott, den Vater, den Allmächtigen ...

Ehre sei dem Vater und dem Sohn
und dem Heiligen Geist.
Wie im Anfang, so auch jetzt und allezeit und in
Ewigkeit. Amen.

Das Vaterunser:
Vater unser im Himmel,
geheiligt werde dein Name ...

*Nun werden drei „Gegrüßet seist du, Maria" mit jeweils einer
Einfügung zu Glaube, Hoffnung und Liebe gebetet:*
Gegrüßet seist du, Maria, voll der Gnade,
der Herr ist mit dir.
Du bist gebenedeit unter den Frauen,
und gebenedeit ist die Frucht deines Leibes, Jesus,
  - der in uns den Glauben vermehre
  - der in uns die Hoffnung stärke
  - der in uns die Liebe entzünde
Heilige Maria, Mutter Gottes,
bitte für uns Sünder.
Jetzt und in der Stunde unseres Todes. Amen

Der Lobpreis:
Ehre sei dem Vater ...

*Jetzt kommen die oben angesprochenen Geheimnisse ins
Spiel, oder besser gesagt: ins Gebet. Eingeleitet werden
sie mit einem Vaterunser (dazu nimmst du die einzelnen
Perlen in die Hand), dem sich jeweils 10 „Gegrüßet seist du,*

Maria" anschließen (die kannst du an den 10 Perlen abzählen) mit der Einfügung eines Geheimnisses (siehe Seite 19).

Gegrüßet seist du, Maria, voll der Gnade,
der Herr ist mit dir.
Du bist gebenedeit unter den Frauen,
und gebenedeit ist die Frucht deines Leibes, Jesus,
– den du, o Jungfrau, vom Heiligen Geist
empfangen hast
Heilige Maria, Mutter Gottes, bitte für uns Sünder.
Jetzt und in der Stunde unseres Todes. Amen.

Oben ist ja schon erklärt, wovon diese Geheimnisse erzählen. Hier kannst du als Beispiel den genauen Wortlaut der freudenreichen Geheimnisse sehen.

DIE FREUDENREICHEN GEHEIMNISSE

1. den du, o Jungfrau,
   vom Heiligen Geist empfangen hast;
2. den du, o Jungfrau, zu Elisabeth getragen hast;
3. den du, o Jungfrau, zu Betlehem geboren hast;
4. den du, o Jungfrau, im Tempel aufgeopfert hast;
5. den du, o Jungfrau, im Tempel gefunden hast.

Den Abschluss bildet der Lobpreis: Ehre sei dem Vater …

Mit einem Vaterunser wird dann das Gebet mit dem nächsten Geheimnis eröffnet.

DAS ANGELUS-GEBET

Hast du schon einmal darauf geachtet?
Morgens, meist um 7 Uhr, mittags um 12 Uhr
und abends auch meist um 19 Uhr läuten
in vielen Orten die Glocken. Dieses Geläut hat
eine lange Tradition und wird Angelus-Läuten
genannt. Früher hielten die Menschen beim
Geläut der Glocken inne und beteten den
„Engel des Herrn".

Dieses Gebet erinnert daran, wie der Engel
des Herrn zu Maria kommt und ihr die Botschaft bringt, dass sie ein Kind bekommen
wird. Auch heute gibt es noch viele Menschen,
die beim Geläut der Glocke innehalten und
das Angelus-Gebet sprechen.

Ein besonderes Erlebnis ist sicherlich das
Angelus-Gebet mit dem Papst auf dem
Petersplatz in Rom. Aber ob in Rom, oder
bei dir zu Hause, das Gebet wird überall
gleich gebetet:

Der Engel des Herrn brachte Maria die Botschaft,
und sie empfing vom Heiligen Geist.
Gegrüßest seist du, Maria, der Herr ist mit dir ....
Maria sprach: Siehe, ich bin die Magd des Herrn;
mir geschehe nach deinem Wort.
Gegrüßest seist du, Maria, der Herr ist mit dir ....
Und das Wort ist Fleisch geworden
und hat unter uns gewohnt.
Gegrüßest seist du, Maria, der Herr ist mit dir ....

V: Bitte für uns, heilige Gottesmutter,
A: dass wir würdig werden der Verheißung Christi.

V: Lasset uns beten:
   Allmächtiger Gott, gieße deine Gnade
   in unsere Herzen ein.
   Durch die Botschaft des Engels
   haben wir die Menschwerdung Christi,
   deines Sohnes, erkannt.
   Lass uns durch sein Leiden und Kreuz
   zur Herrlichkeit der Auferstehung gelangen.
   Darum bitten wir durch Christus,
   unsern Herrn.
A: Amen.

23

DER HEILIGE GEIST

Die Apostelgeschichte erzählt davon, dass Gott den
Jüngern Jesu den Heiligen Geist gesandt hat.
Die Jünger waren nach Jesu Tod und Auferstehung
und nach seiner Himmelfahrt ziemlich unsicher,
wie es weitergehen sollte. Sie hatten so viel erlebt,
aber was sollten sie nun tun? Da schickt Gott
seinen Heiligen Geist. Die Bibel spricht von einem
Sturm und von Feuerzungen. Der Geist Gottes
bringt Leben in die Bude, macht die Jünger mutig.
Ihre Begeisterung steckt andere an, die Botschaft
Jesu verbreitet sich über die Erde; bis heute.
Wir brauchen heute auch oft einen Anstoß, einen
Sturm, der uns durchwirbelt und die Begeisterung
in uns weckt.
Du kannst auch zum Heiligen Geist um Mut und
Kraft beten, wenn du Angst vor etwas hast,
oder eine große Aufgabe vor dir steht. Eines der
ältesten Gebete zum Heiligen Geist spricht von all
den Geschenken, die uns Gottes Heiliger Geist gibt.
Oft merken wir dies gar nicht mehr, weil sie uns
schon so selbstverständlich sind.

Komm Heiliger Geist
und gib mir das richtige Wort zur richtigen Zeit.
Gib mir Mut und wecke in mir die Begeisterung.
Lass mich Feuer und Flamme sein, dass ich andere anstecke.
Lass mich die Botschaft Jesu weitersagen.

Komm herab, o Heil'ger Geist,
der die finstre Nacht zerreißt,
strahle Licht in diese Welt.

Komm, der alle Armen liebt,
komm, der gute Gaben gibt,
komm, der jedes Herz erhellt.

Höchster Tröster in der Zeit,
Gast, der Herz und Sinn erfreut,
köstlich Labsal in der Not,

in der Unrast schenkst du Ruh,
hauchst in Hitze Kühlung zu,
spendest Trost in Leid und Tod.

Komm, o du glückselig Licht,
fülle Herz und Angesicht,
dring bis auf der Seele Grund.

Ohne dein lebendig Weh'n
kann im Menschen nichts besteh'n,
kann nichts heil sein noch gesund.

Was befleckt ist, wasche rein,
Dürrem gieße Leben ein,
heile du, wo Krankheit quält.

Wärme du, was kalt und hart,
löse, was in sich erstarrt,
lenke, was den Weg verfehlt.

Gib dem Volk, das dir vertraut,
das auf deine Hilfe baut,
deine Gaben zum Geleit.

Lass es in der Zeit besteh'n,
deines Heils Vollendung sehn
und der Freuden Ewigkeit. Amen.

3. Du hörst mich, lieber Gott

Gott hat immer Zeit für dich!
Er ist da für dich und nimmt dich an,
so, wie du bist. Fröhlich, traurig,
sauer oder zu Streichen aufgelegt.
Deshalb kannst du ihm auch alles sagen,
immer und besonders dann,
wenn vielleicht sonst gerade keiner Zeit
für dich hat.

GEBETE
ÜBER GLAUBE,
HOFFNUNG
UND LIEBE

Danke, lieber Gott, dass du mir immer zuhörst;
dass du mit mir lachst, dich mit mir freust;
dass du mit mir weinst, mich tröstest;
dass du mein Schimpfen aushältst,
dir meine Bitten anhörst;
dass du immer bei mir bist,
egal, wo ich gerade bin.
Danke, lieber Gott,
dass du so oft Zeit für mich hast.

Wo ich gehe, wo ich stehe,
bist du, lieber Gott, bei mir.
Wenn ich dich auch gar nicht sehe,
weiß ich sicher, du bist hier.

Psalm 139

GEBETE ZUM LOBEN UND DANKEN

Ich lobe meinen Gott
von ganzem Herzen.
Erzählen will ich von all seinen Wundern
und singen seinem Namen.

Psalm 9

Ich will dich loben, Gott,
durch Schwester Sonne
Ich will dich loben, Gott,
durch Bruder Mond und die Sterne!
Ich will dich loben, Gott,
durch Bruder Wind und die Luft!
Ich will dich loben, Gott,
durch Schwester Wasser!
Ich will dich loben, Gott,
durch Bruder Feuer!
Ich will dich loben, Gott,
durch Mutter Erde.
Lobt und preist unseren Gott und dankt ihm!
Danket Gott, denn er ist gut,
groß ist alles, was er tut.

Psalm 136.1

Lieber Gott, wir haben heute gelacht!
Das hast du bestimmt bis in den Himmel
gehört.In der Schule war es heute total
lustig, Mama und Papa hatten heute beim
Mittagessen so gute Laune, dass wir vor
Lachen kaum zum Essen gekommen sind.
Irgendwie war das ansteckend.
Selbst unser Nachbar, der sonst immer
so grimmig guckt, hat heute Nachmittag
gelächelt, als wir draußen beim Spielen
so einen Spaß hatten.

Lieber Gott, ich danke dir für den
fröhlichen Tag, für das Lachen,
für allen Spaß, den wir heute hatten.

Puh, lieber Gott, das war heute aber knapp!
Ich war heute mit dem Rad unterwegs, zu-
gegeben, ein bisschen schnell. Am Ende der
Straße hab ich die Kurve nicht mehr gekriegt
und bin auf die Gegenfahrbahn gerutscht.
Der Autofahrer war ganz langsam und ist vor mir
zum Stehen gekommen. Ich hab mich vielleicht
erschreckt! Der Mann ist ausgestiegen und hat
gesagt: „Na, da hast du aber einen Schutzengel
gehabt!"
Danke, lieber Gott, dass dein Engel auf mich
aufgepasst hat.

IM VERTRAUEN AUF GOTT
BETEN UND BITTEN

Du kannst dem lieben Gott alle deine Bitten sagen.
In diesem Buch findest du viele Bittgebete.
Sicher fallen dir noch andere Dinge ein, um die du
den lieben Gott bitten möchtest.

„Sagt, was euch wichtig ist. Euer Vater im Himmel weiß,
was ihr braucht, noch ehe ihr ihn bittet". *(nach Mt 6,8)*
Das hat Jesus seinen Jüngern gesagt und das gilt auch
für uns.

Gib mir ein weites Herz,
Herr gib,
dass ich nicht nur Trost für mich suche,
sondern selber andere tröste,
dass nicht nur ich allein verstanden werden will
sondern versuche, auch andere zu verstehen,
dass nicht nur ich selbst geliebt werden will,
sondern auch andere liebe.

Franz von Assisi

GEBETE UM VERZEIHUNG

Nicht immer ist alles so toll, was wir machen.
Der liebe Gott schmollt aber nicht, wenn wir etwas
falsch gemacht haben. Er gibt jedem von uns
die Chance, es besser zu machen; er nimmt dich
in seine Arme.

Heute habe ich Mist gebaut, lieber Gott.
Ich habe mich mit Benni gezankt,
wir haben so richtig gekämpft
und ich habe vor lauter Wut
seine neue CD auf die Erde geschmissen.
Die ist jetzt zerkratzt und die Hülle kaputt.
Mama ist sauer und Benni will nicht mehr
mein Freund sein.
Mir tut es ja auch leid,
aber ich war so wütend auf ihn ....

Mama sagt, ich muss das von meinem
Taschengeld bezahlen.
Na wenn schon.
Aber Mama sagt auch, ich muss mich entschuldigen.
Lieber Gott, ist es früh genug,
wenn ich das in einer Stunde mache?
                    Ich mach's auch wirklich.
                              Versprochen!

Manchmal sage ich Dinge, lieber Gott,
die nicht so klasse sind.
So eine gemeine Bemerkung
kann ganz schön wehtun.
Lieber Gott, hilf mir,
dass ich die richtigen Worte finde.
Gib mir den Mut,
einen bösen Gedanken nicht auszusprechen.

4. Immer bist Du da

Gott begleitet uns durch den Tag.
Vom Aufstehen bis wir abends
wieder ins Bett gehen. Wir können
Gott Raum geben in unserem Alltag,
wenn wir mit ihm im Gespräch
bleiben.

Guten Morgen, lieber Gott,
da bin ich wieder.
Ich habe richtig gute Laune!
Scheint die Sonne? Prima!
Es regnet?
Klasse, dann kann ich in die Pfützen springen.
Danke, dass du diese Nacht
auf mich aufgepasst hast, lieber Gott.
Geh auch mit mir durch den Tag.

Ein neuer Tag liegt vor mir,
lieber Gott.
Ich bin gerade aufgestanden
und ganz gespannt darauf,
was heute so alles passiert.
Lieber Gott,
lass es einen schönen Tag werden.

Guten Morgen, lieber Gott!
Na, bist du auch schon wach?
Ich habe sooooo gut geschlafen!
Mal sehen, wie der Tag heute so wird.
Wenn ich aufpasse und du aufpasst,
kann ja eigentlich nichts schiefgehen.
Gib mir deinen Segen für diesen Tag,
guter Gott.

Die Hälfte ist geschafft, guter Gott.
Die Schule liegt hinter mir.
Es war wieder viel los heute morgen.

Ich bitte dich, bleibe du bei mir.
Gib mir Geduld,
wenn die Hausaufgaben mal wieder nicht enden
wollen.
Beschütze mich,
wenn ich nachher mit dem Rad unterwegs bin
zur Musikstunde, zum Sport,
zum Treffen mit den Freundinnen und Freunden.
Halte mich zurück,
wenn ich mal wütend werde.
Schenke mir deinen Segen!

Müde bin ich, geh zur Ruh,
schließe meine Augen zu.
Vater, lass die Augen dein
über meinem Bette sein.
Hab ich Unrecht heut getan,
sieh es lieber Gott nicht an.
Alle, die mir sind verwandt,
Gott, lass ruh'n in deiner Hand.
Alle Menschen groß und klein,
sollen dir befohlen sein.

Volksgut

So, wie ich mich jetzt in mein Kissen kuschele,
so möchte ich mich heute Nacht
in deine Hand kuscheln, lieber Gott.
Lass mich gut schlafen und was Schönes träumen.
Pass auch auf meine Eltern, Geschwister und
Freunde in dieser Nacht auf.

So ein schöner Tag, lieber Gott!
Danke für all das Schöne,
das wir heute erlebt haben:
Für den Spaß, den wir hatten,
für all das Lachen, das tolle Wetter,
die Tüte mit meinen Lieblingslakritz-
schnecken, die Oma aus Frankreich
mitgebracht hat.
Danke und lass mich jetzt gut schlafen.

TISCHGEBETE

Aller Augen warten auf dich, o Herr.
Du gibst ihnen Speise zur rechten Zeit.
Du öffnest deine Hand und erfüllst alles,
was lebt mit Segen.

Psalm 145

Lieber Gott, wir wollen jetzt essen.
Hm, das riecht vielleicht gut!
Aber vorher wollen wir dir Danke sagen.
Für die Kartoffeln und das Gemüse,
das Fleisch und das Obst zum Nachtisch.
Und wir wollen auch an die denken,
die nicht so viele gute Sachen zu essen haben.
Lieber Gott, mach auch diese Menschen satt.
Und jetzt: Guten Appetit!

Komm, Herr Jesus,
sei du unser Gast
und segne, was du uns bescheret hast.

Volksgut

39

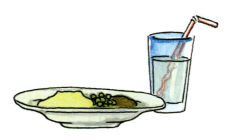

Dir sei, o Gott, für Speis und Trank,
für alles Gute Lob und Dank.
Du gabst und willst auch künftig geben;
dich preise unser ganzes Leben.

Volksgut

Lieber Gott,
wir haben gegessen.
Es hat gut geschmeckt.
Danke, das wir jeden Tag zu essen haben.
Lass uns die nicht vergessen,
denen es nicht so gut geht wie uns.

Alle guten Gaben,
alles, was wir haben,
kommt, o Gott, von dir.
Wir danken dir dafür.

Volksgut

SEGENSGEBETE

Segnen heißt Gutes zusagen.
Wenn Gott uns seinen Segen schenkt, sagt er uns
Gutes zu: „Ich bin bei euch alle Tage."
Wir Menschen bitten Gott um seinen Segen
und seine Begleitung zu besonderen Gelegenheiten,
aber auch in ganz alltäglichen Dingen.

Der Herr segne und behüte dich.
Der Herr lasse sein Angesicht
über dich leuchten und sei dir gnädig.
Der Herr wende sein Angesicht dir zu
und schenke dir Heil.

Numeri 6,24-26

Altchristliches Segensgebet
Der Herr sei vor dir,
um dir den rechten Weg zu zeigen.

Der Herr sei neben dir,
um dich in die Arme zu nehmen
und dich zu schützen.

Der Herr sei hinter dir,
um dich zu bewahren
vor der Heimtücke böser Menschen.

Der Herr sei unter dir,
um dich aufzufangen, wenn du fällst
und dich aus der Schlinge zu ziehen.

Der Herr sei in dir,
um dich zu trösten,
wenn du traurig bist.

Der Herr sei um dich herum,
um dich zu verteidigen,
wenn andere über dich herfallen.

Der Herr sei über dir,
um dich zu segnen.

So segne dich der gütige Gott.

Ein Wunsch für dich ...
oder Segen, den du jemand anderem wünschst:

Ich wünsche dir
Ich wünsche dir
das Vertrauen und die Gewissheit,
dass Gott immer bei dir ist,
egal, wo du gerade bist.

Dass Gott dir immer zuhört,
dass er mit dir lacht
und sich mit dir freut.

Dass er mit dir weint
und dich tröstet.
Dass er dein Schimpfen aushält,
er sich deine Bitten anhört.

Ich wünsche dir
Gottes Segen.
Und ich wünsche dir,
dass du ein Segen bist für andere.

Dass du mit anderen lachst
und dich freust.
Dass du mit anderen weinst
und sie tröstest.
Dass du das Schimpfen
der anderen aushältst
und dir ihre Bitten anhörst.

Ich wünsche dir,
dass du Zeit für andere hast.

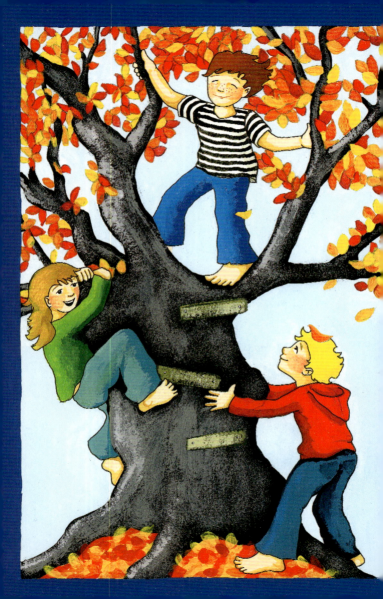

5. Du lebst mit mir, lieber Gott

Du bist nicht allein.
Du lebst in einer Familie,
vielleicht mit Geschwistern.
Du hast Freunde und Freundinnen.
Du erlebst viel auf deinem
Weg zum Großwerden.
Gott lebt mit dir und du darfst
ihm dein Leben und deine Lieben
im Gebet anvertrauen.

GEBETE FÜR VERTRAUTE MENSCHEN: ELTERN, GROSSELTERN, GESCHWISTER, FREUNDE

Gebet für Mama
Lieber Gott,
kannst du Mama nicht einmal
ein bisschen Geduld schenken?
Sie regt sich immer so schnell auf,
wenn meine Schwester keine
Lust auf Hausaufgaben hat,
– Muss man Latein wirklich können? –
wenn ich mit nassen Gummistiefeln
durchs Haus laufe,
– Ich musste ganz dringend aufs Klo –
   wenn mein Bruder sich ein Loch in die
   Jeans schneidet
   – Sieht doch cool aus –

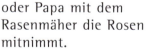

         oder Papa mit dem
         Rasenmäher die Rosen
         mitnimmt.
         – Das war echt nicht so gut! –

         Lass sie doch ein bisschen
         ruhiger werden,
         ein bisschen geduldiger.
         Ansonsten ist Mama
         nämlich echt klasse.

Für Oma und Opa

Lieber Gott, ich danke dir für Oma und Opa.
Die beiden sind echt klasse!
Oma hat immer Zeit für mich,
und wenn sie mal keine Zeit hat,
nimmt sie sich welche.
Opa kann alles reparieren:
mein Fahrrad, das kaputte Tor am Hasenstall ...
Und Opa kann Mathe erklären und
andere furchtbar komplizierte Sachen.
Bitte pass auf Oma und Opa auf,
dass sie gesund bleiben und wir noch viel
miteinander machen können.

Für Papa

Guter Gott,
kannst du auf meinen Papa aufpassen?
Immer ist er unterwegs für die Firma.
Wir sehen ihn fast nie und wenn er da ist,
ist er ganz müde.
Ich habe Angst, dass er krank wird.
Kannst du ihn vielleicht daran erinnern,
dass wir auch noch da sind?
Wir möchten doch auch was von ihm haben.

Danke für meinen Freund
Ich möchte dir Danke sagen, lieber Gott.
Danke, dass ich so einen tollen Freund habe.
Mit ihm kann ich lachen, spielen, toben,
meine Lakritzschnecken teilen.
Er hält auch zu mir,
wenn ich mit Mama Stress habe.
Er tröstet mich, wenn ich traurig bin
und bringt mich wieder zum Lachen.
Er lacht mich nicht aus,
wenn ich mal was falsch mache,
er ist mir nicht mehr böse,
wenn ich mich bei ihm entschuldigt habe.
Meinem Freund kann ich fast alles erzählen.
Lieber Gott, danke,
dass ich so einen guten Freund haben darf.

Mein Bruder
Mein Bruder schreibt heute eine schwere Arbeit,
lieber Gott.
Er hat wirklich viel gelernt.
Trotzdem hat er Angst!
Lieber Gott, ich weiß ja, dass du nicht die Arbeit
für ihn schreiben kannst,
aber vielleicht kannst du ihm helfen,
dass er nicht mehr so aufgeregt ist.
Dann klappt das bestimmt auch mit der Arbeit!

GEBETE, WENN ES MIR NICHT GUT GEHT (ÄRGER, KRANKHEIT ...)

Es gibt Tage, an denen geht es dir nicht gut.
Vielleicht hast du Ärger, oder du bist krank?
Vielleicht machst du dir Sorgen?!
Auch das kannst du im Gebet vor Gott bringen,
auch an diesen Tagen ist Gott bei dir.

Ich bin krank.
Mir geht es so richtig schlecht.
Wir waren heute schon beim Doktor,
ich muss Medizin nehmen und im Bett bleiben.
Ich bin richtig quengelig.
Lieber Gott, hilf mir,
dass es mir bald wieder besser geht.

Mama und Papa haben Streit, lieber Gott.
Sie haben sich richtig laut gezankt.
Mama hat geweint und Papa hat die Tür geknallt.
Ich habe Angst, lieber Gott.
Kannst du nicht helfen,
dass sie sich wieder vertragen?
Ich habe doch beide lieb.

Mein Bruder ist krank, lieber Gott.
Er hatte so schlimme Schmerzen,
dass er ins Krankenhaus musste und vielleicht
auch noch operiert wird.

Mama und Papa sind ganz aufgeregt und besorgt.
Ich muss auch immer an ihn denken.
Lieber Gott, lass ihn wieder gesund werden und mach
dass alles wieder gut wird.

Lieber Gott, was ist los?
Ich weiß ja, dass du nicht immer überall
sein kannst,
aber wir brauchen dich hier mal.
Du hast ja mitgekriegt,
dass in der letzten Zeit einiges schief gegangen ist.
Und jetzt macht auch noch Papas Firma zu,
und er hat keine Arbeit mehr.
Lieber Gott, was soll jetzt werden?
So traurig habe ich Mama und Papa
noch nie gesehen.
Lieber Gott, rede doch mal mit ihnen,
dass sie wenigstens wieder lachen können.
Dann wird ihnen auch wieder was einfallen.

GEBETE ZUR EINSCHULUNG UND ERSTKOMMUNION

Ich komme in die Schule
Ich komme in die Schule, lieber Gott.
Mama hat gesagt: Heute beginnt der Ernst des Lebens.
Was das wohl heißt?
Ich freue mich auf die Schule, auf die neuen Kinder.
Aber ich bin auch ein wenig aufgeregt:
Wie sind die neuen Kinder?
Komme ich mit der Lehrerin klar?
Schaffe ich das mit dem Lernen?
Kommst du mit mir in die Schule?
Lieber Gott, wenn du bei mir bist,
geht das sicher alles ein bisschen leichter.

Der Tag meiner Erstkommunion
Heute ist der Tag meiner Erstkommunion.
Ich bin ganz aufgeregt, lieber Gott.
Ganz viel Besuch hat sich angesagt.
Und hast du die vielen Geschenke gesehen?
Was da wohl alles drin ist?!
Hilf mir, ruhig zu werden.
Ich möchte ganz aufmerksam sein für den Gottesdienst.
Du kommst das erste Mal im Brot zu mir.
Ich freue mich so!
Danke lieber Gott, dass du immer bei mir bist,
ganz besonders heute, an diesem großen Tag.

GEBETE „IM ANGESICHT DES TODES"

Manchmal müssen wir Abschied nehmen von Menschen, die wir sehr lieb haben. Wenn Menschen sterben, hinterlassen sie eine Lücke. Wir sind sehr traurig und oft fühlen wir uns allein gelassen von Gott. Gerade aber in diesen schweren Tagen ist der liebe Gott bei uns und wir dürfen ihm unsere ganze Traurigkeit, unsere Wut, unser Unverständnis und unsere Hilflosigkeit anvertrauen.

Lieber Gott, ich weiß ja,
dass wir alle sterben müssen.
Aber warum musste Max so früh gehen?
Warum war er so krank?
Neulich hat er gesagt:
„Wenn ich im Himmel bin,
mache ich eine
Fußballmannschaft auf!"
Lieber Gott,
weißt du, dass ihr einen
super Stürmer bekommen habt?
Uns fehlt er hier nicht nur
in der Mannschaft.
Pass bitte auf ihn auf.

Ich muss dich mal was fragen, lieber Gott.
Dein Sohn Jesus ist doch auferstanden
und wir glauben, dass wir nach dem Tod
bei dir leben.
Also ist mein Opa jetzt auch bei dir.
Warum ist Oma dann immer noch so traurig?
Ich weiß ja, dass sie Opa vermisst!
Aber bei dir geht es ihm doch gut.
Kannst du Oma nicht mal trösten,
dass sie auch mal wieder lächelt,
wieder mit uns lebt.
Ich vermisse Opa auch, aber ich vermisse auch
Omas Fröhlichkeit,
ihre guten Ideen, ihre coolen Sprüche.
Oma ist im Moment weiter weg als Opa.
Hilf ihr, lieber Gott, dass sie wieder Freude
am Leben hat.

Ich bin so traurig, lieber Gott.
Mein Lieblingstier ist gestorben.
Ich vermisse sein weiches Fell,
die Knopfaugen,
die Spielstunden mit ihm.
Ich behalte es immer lieb!
Lieber Gott, ist es jetzt bei dir?

6. Du hältst die ganze Welt in deiner Hand

Gott hat uns seine Welt geschenkt.
Wir dürfen auf seiner Erde leben,
aber wir haben auch Verantwortung
für die Erde.

Lieber Gott,
wenn du die ganze Welt gemacht hast,
dann sicher auch die kleine Spinne,
den Krabbelkäfer und die Ameise,
die Schnecken mit und ohne Häuschen.
Lass uns immer daran denken,
dass auch diese kleinen Tierchen
im Gras und unter dem Laub
Teil deiner Schöpfung sind.

Danke für die Sonne,
die uns Wärme und Licht schenkt.
Danke für den Regen,
denn wir alle brauchen Wasser zum Leben.
Danke für den Wind,
der die Blätter schüttelt
und die Drachen steigen lässt.
Danke für den Schnee,
der die Welt in ein weißes Kleid hüllt
und uns viel Winterspaß bringt.
Danke für die Blumen und Bäume,
die unsere Welt schön bunt machen.
Danke für alle Tiere,
die großen und die kleinen,
die das Leben auf der Erde bereichern.
Danke, dass wir Menschen,
dass ich auf dieser Welt leben darf.

GEBETE UM FRIEDEN

Du kennst Streit. Menschen streiten sich im
Kleinen, aber auch im Großen. Ganze Völker
geraten in Streit und führen Kriege.
Gott möchte, dass wir im Frieden leben.

Bomben in Israel,
Attentate im Irak, in Afghanistan,
Bürgerkriege in Afrika ....
Menschen schießen auf Menschen,
Kinder verlieren Arme und Beine durch Granaten,
Menschen müssen ihre Heimat verlassen,
haben kein Zuhause mehr.
Verstehst du das, lieber Gott?
Warum ist das so?
Warum passieren immer wieder solche Dinge?
Warum vertragen wir Menschen uns nicht?
Wir wollen doch alle in Frieden leben!
Guter Gott,
lass die Menschen wach werden und zeige ihnen,
wie sie Frieden halten können.

Jesus hat zu seinen Jüngern gesagt:
„Frieden hinterlasse ich euch,
meinen Frieden gebe ich euch."
Hilf mir, diesen Frieden zu leben,
in der Familie, in der Schule,
mit meinen Freunden.

Franz von Assisi hat damals gebetet:

Herr, mach mich zu einem Werkzeug deines
Friedens,

dass ich liebe, wo man hasst;
dass ich verzeihe, wo man beleidigt;
dass ich verbinde, wo Streit ist;
dass ich die Wahrheit sage, wo Irrtum ist;
dass ich Glauben bringe, wo Zweifel droht;
dass ich Hoffnung wecke, wo Verzweiflung quält;
dass ich Licht entzünde, wo Finsternis regiert;
dass ich Freude bringe, wo der Kummer wohnt.

So bunt und unterschiedlich, wie die Welt ist, so unterschiedlich sind auch die Menschen, die in ihr leben. Das erlebst du vielleicht schon in deiner Klasse: Unterschiedliche Nationalitäten und damit auch unterschiedliche Religionen. Die einen Kinder glauben an Gott, andere an Allah, manche Kinder sind vielleicht Buddhisten, vielleicht kennst du auch Kinder jüdischen Glaubens. Das Zusammenleben funktioniert, wenn sich alle respektieren und voneinander lernen.

Lieber Gott,
manchmal verwirrt es mich.
Ich glaube an dich, Gott,
Ali an Allah,
Siri an Buddha,
Jakob betet zu Jahwe.

Lene glaubt auch an dich,
geht aber in eine andere Kirche.
Sie wird konfirmiert,
ich gehe zur Kommunion.
Ali feiert das Zuckerfest,
Jakob das Laubhüttenfest.

Heute haben wir uns in der Schule
an den Händen gefasst
und jeder hat ein Gebet gesprochen,
zu seinem „Gott".
Ich finde es spannend,
woran die anderen glauben.
Und toll finde ich,
dass wir trotz allen Unterschieden
alle gute Freunde sind.

Sag mal,
warum können die Großen das nicht?

Lene war mit mir in der Messe.
Sie durfte nicht mit zur Kommunion,
weil sie evangelisch ist.
Mama hat uns erklärt, wo der Unterschied ist.
Aber ehrlich, lieber Gott,
ganz verstanden habe ich das nicht.
Kannst du uns Menschen nicht mal helfen,
aufeinander zuzugehen
und die Unterschiede zu überwinden?
Wir glauben doch alle an dich.

Teil 2:
KIRCHENRAUM UND GOTTESDIENST

1. Willkommen im Raum der Kirche

Willkommen in der Kirche!
Schön, dass du da bist. Schau dich
ruhig um. Es gibt viel zu entdecken.
Stehst du gerade in einer sehr
alten Kirche, die prachtvoll ausge-
schmückt ist mit vielen Bildern
und Figuren? Oder in einer modernen,
die vielleicht sehr hell gestaltet ist.
Alle Kirchen haben eines gemeinsam:

Sie sind Haus Gottes – Gotteshäuser!

Hier kommen Menschen zum Gebet und zur Messfeier zusammen, hier können wir Gottes Nähe in besonderer Weise erfahren. In dieser Kirche wohnt Gott. Klar, dass das Handy aus ist, das Kaugummi draußen bleibt, Jungs die Kappe abnehmen und wir nicht durch die Kirche toben, wie über den Spielplatz. So verschieden die Kirchen vom Baustil und vom Aussehen auch sein können, einige Dinge findest du in allen Kirchen. Diese besonderen Dinge und Orte kannst du hier kennenlernen.

WEIHWASSER UND WEIHWASSERBECKEN

Wenn du die Kirche betrittst, findest du in der Nähe der Eingangstür ein Weihwasserbecken.
Du kannst die Finger deiner Hand in dieses Wasser eintauchen, das Kreuzzeichen machen und beten:
„Im Namen des Vaters und des Sohnes und des Heiligen Geistes. Amen."

Weihwasser und Kreuzzeichen erinnern an deine Taufe.
Du wurdest im Namen des Vaters und des Sohnes und des Heiligen Geistes mit Wasser getauft.

Das Kreuzzeichen am Eingang der Kirche ist auch ein Gruß:
„Guten Tag, lieber Gott. Ich bin hier in deinem Haus."

DAS KREUZ

In jeder Kirche findest du ein Kreuz im Altarraum, dem
Zentrum jedes Gotteshauses. Es zeigt den gekreuzigten
Christus. Dieses Kreuz ist das Zeichen der Christen geworden
und erinnert uns an Jesu Tod, aber auch an seine Auferstehung. Es hängt oder steht im Altarraum, weil in jedem
Gottesdienst Jesu Tod und Auferstehung in der Eucharistie
gefeiert wird.

Du kannst vor dem Kreuz beten:
„Guter Gott, dieses Kreuz erinnert mich daran, wie
sehr dein Sohn Jesus leiden musste. Aber
es erinnert mich auch an seine Auferstehung!
Hier verbinden sich Trauer und Freude.
Ich darf mit allem zu dir kommen, vor dieses Kreuz:
Mit allem was mich traurig macht und ärgert, mit
allem, was mich freut, mit allem,
für das ich Danke sagen will!"

DER TABERNAKEL

Schau dich einmal im Altarraum ein wenig um. Hast du schon
eine Art „Schrank" entdeckt, vor dem eine besondere Kerze –
meist ein Öllicht – brennt? Diesen „Schrank" nennt man
Tabernakel, das heißt übersetzt: Zelt. Gott hat ein Zelt in de
Kirche?! Im Tabernakel wird das Heilige Brot, der Leib Christi,
aufbewahrt. Das heißt: Gott ist wirklich hier in dieser Kirche,
in diesem Brot. Deshalb brennt vor dem Tabernakel auch diese
besondere Kerze, das EWIGE LICHT.
Es zeigt uns: Gott ist da!
Und um Gott zu ehren, machen wir vor dem Tabernakel
eine Kniebeuge. Entweder, wenn wir davor stehen, wie jetzt,
oder beim Betreten und Verlassen der Kirche.

Vor dem Tabernakel kannst du beten:
„Lieber Gott. Du schenkst dich uns im Heiligen Brot
und bist uns ganz nah. Ich freue mich
(darauf), wenn ich (bald) an deinem Tisch zu
Gast sein darf. Danke, dass du uns Menschen
immer wieder dieses
große Geschenk
machst."

MARIENBILD

In jeder Kirche findet sich ein Bild von Maria, der Mutter
Gottes, oder eine Marienfigur. Meist sind die Bilder oder
Figuren besonders schön geschmückt.
Damit ehren wir die Mutter Jesu. Maria hat ihren Sohn Jesus
lieb gehabt und für ihn gesorgt, so wie deine Mama dich lieb
hat und für dich sorgt. Sie hat ihn durchs Leben begleitet bis
hin zu seinem Tod am Kreuz.
Maria weiß, wie eine Mutter fühlt, wenn es ihrem Kind nicht
gut geht. Sie weiß, wie schlimm es für eine Mama ist, wenn sie
ihr Kind verliert. Maria ist nicht nur die Mutter Jesu, sie ist
auch für uns wie eine Mutter. Deshalb gehen viele Menschen
mit ihren Sorgen und Anliegen auch zu Maria und beten zu
ihr. Wir glauben, dass Maria bei Gott für uns bittet.

Zu Maria kannst du beten:
Heilige Maria, ich darf zu dir kommen und dir
alles sagen, was mich traurig macht, was mir Angst
einjagt, worüber ich mich freue. Du bittest bei Gott
für mich. Du hörst mir zu, wie deinem Sohn Jesus.
Dafür danke ich dir, Heilige Mutter Gottes.

OPFERKERZEN

Manchmal stehen sie bei dem Marienbild, manchmal an einer anderen Stelle der Kirche: Die Opferkerzen. Das sind Kerzen, die man gegen eine kleine Spende aufstellen und anzünden kann. Eine solche Kerze kann unser Gebet für andere oder für uns selbst begleiten.

Die Kerze sagt: Jesus ist unser Licht. Er ist für uns da und schenkt uns seine Liebe. Vielleicht hast du schon einmal eine Kerze für einen Verstorbenen angezündet oder für einen Menschen der krank war, vielleicht verbunden mit einer Bitte, oder als Dankeschön für einen besonders schönen Tag oder ein besonderes Erlebnis.

Beim Anzünden der Kerze kannst du beten:
Lieber Gott, du bist das Licht der Welt!
Ich bitte dich für ...
(Hier sagst du dem lieben Gott,
für wen du betest)

Ich danke dir für ...
(den schönen Tag, das tolle Erlebnis,
meine Eltern, das neue Geschwisterchen ...)
Du machst unser Leben hell und begleitest mich auf
meinem Weg durchs Leben. Dafür danke ich dir!

*Sicher kannst du in deiner Kirche noch viel mehr
interessante und spannende Dinge entdecken. Vielleicht
erzählen die Kirchenfenster Geschichten aus dem Leben
Jesu. Oder es gibt dort einen alten Altar, reich verziert
mit geschnitzten Figuren.*

*Weißt du, wie deine Kirche heißt? Jede Kirche hat einen
Namen, so wie jeder von uns. Gibt es in deiner Kirche
ein Bild oder eine Figur des oder der Heiligen, dem oder
der die Kirche geweiht ist?*

*Du möchtest deine Kirche näher kennenlernen? Dann frag
doch einfach mal in deiner Gemeinde nach, wer dich und
vielleicht auch andere interessierte Kinder einmal durch
eure Kirche führen kann.*

2. Der Ablauf der Heiligen Messe

Schön, dass du da bist.
Wir feiern ein besonderes Fest:
Eucharistie.
Das heißt Danksagung.
Aber wofür sagen wir denn DANKE?

Willkommen
im Gottesdienst!

DER EVANGELIST LUKAS
HAT FOLGENDES AUFGESCHRIEBEN:

Am Abend vor seinem Tod hat Jesus mit
seinen Freunden ein Fest gefeiert und zum
letzten Mal mit ihnen gegessen.
Er hat ihnen gesagt: „Ich muss bald sterben,
aber ich möchte, dass ihr immer an mich denkt,
wenn ihr Brot und Wein miteinander teilt."
Er nahm das Brot in seine Hände und dankte
Gott. Dann brach er das Brot und sagte:
„Esst alle davon. Das ist mein Leib für euch.
Tut dies zu meinem Gedächtnis."
Dann nahm er den Kelch mit Wein, dankte Gott
reichte ihn seinen Jüngern und sprach:
„Trinkt alle daraus! Das ist mein Blut für den
neuen Bund mit Gott.
Tut dies zu meinem Gedächtnis."

(nach Lk 22,17–20)

So, wie die Freunde Jesu später noch oft
dieses Mahl miteinander gefeiert haben,
genauso feiern auch wir jetzt dieses Mahl
miteinander. Wir teilen das Brot, ganz
so, wie Jesus es uns aufgetragen hat.
Und wir wissen: Jetzt ist Jesus ganz bei uns,
hier in Brot und Wein.

Damit du das Fest gut mitfeiern kannst,
ist hier der Ablauf der Messe aufgeschrieben.
Du findest alle Antworten und Gebete
und auch die eine oder andere Erklärung zu
einzelnen Elementen der Messfeier.

ERÖFFNUNG
Die Feier beginnt mit der Eröffnung:

Gott hat uns eingeladen und freut sich, dass wir gekommen sind, dass du gekommen bist. Die Feier der Messe beginnt mit einer Begrüßung, so, wie du deine Freunde begrüßt, wenn ihr euch trefft. Ihr sagt: „Hallo!" In der Messe ist die Begrüßung das Kreuzzeichen. Es ist der Gruß der Kirche: Jesus ist jetzt hier bei uns.

P Im Namen des Vaters
und des Sohnes
und des Heiligen Geistes.

 Amen.

P Die Gnade unseres Herrn Jesus Christus,
die Liebe Gottes, des Vaters,
und die Gemeinschaft des Heiligen Geistes
sei mit euch.

oder

Der Herr sei mit euch.

 Und mit deinem Geiste.

SCHULDBEKENNTNIS UND KYRIE

Richtig gut miteinander feiern und fröhlich sein können wir nur, wenn wir uns mit den anderen vertragen. Das ist aber gar nicht immer so einfach. Der Streit mit der Schwester oder dem Freund letzte Woche, die Unwahrheit ....
Gott möchte, dass wir fröhlich und ohne Streitigkeiten Gottesdienst feiern. Deshalb sagen wir ihm jetzt all das, was nicht so in Ordnung war. Es tut mir leid lieber Gott, es war nicht so toll, wie ich mich da verhalten habe.

In der Messfeier beten wir:

P Brüder und Schwestern,
damit wir die heiligen Geheimnisse
in rechter Weise feiern können,
wollen wir bekennen, das wir gesündigt
haben.

DAS SCHULDBEKENNTNIS

G Ich bekenne Gott, dem Allmächtigen,
und allen Brüdern und Schwestern,
dass ich Gutes unterlassen
und Böses getan habe
– ich habe gesündigt
in Gedanken, Worten und Werken –
durch meine Schuld, durch meine Schuld,
durch meine große Schuld.
Darum bitte ich die selige Jungfrau Maria,
alle Engel und Heiligen
und euch, Brüder und Schwestern,
für mich zu beten bei Gott unserem Herrn.

P Der allmächtige Gott erbarme sich unser.
Er lasse uns die Sünden nach
und führe uns zu ewigem Leben.

 Amen.

76

Auch diese Form des Gebetes wird oft gewählt:

(P) Herr, erbarme dich unser!
oder: Kyrie eleison!

    (G) Herr, erbarme dich unser!
      oder: Kyrie eleison!

(P) Christus, erbarme dich unser.
oder: Christe eleison!

    (G) Christus, erbarme dich unser!
      oder: Christe eleison!

(P) Herr, erbarme dich unser!
oder: Kyrie eleison!

    (G) Herr, erbarme dich unser!
      oder: Kyrie eleison.

GLORIA

Wenn du dich besonders freust, wenn du ganz
begeistert bist, rufst du vielleicht: HURRA!
In der Kirche rufen wir nicht Hurra, wir singen
„GLORIA – EHRE SEI GOTT" – gemeint ist dasselbe.

Ehre sei Gott in der Höhe
und Frieden den Menschen seiner Gnade.
Wir loben dich,
wir preisen dich, wir beten dich an,
wir rühmen dich und danken dir,
denn groß ist deine Herrlichkeit;
Herr und Gott, König des Himmels,
Gott und Vater, Herrscher über das All,
Herr, eingeborener Sohn, Jesus Christus.
Herr und Gott, Lamm Gottes, Sohn des Vaters,
du nimmst hinweg die Sünde der Welt,
erbarme dich unser;
du nimmst hinweg die Sünde der Welt,
nimm an unser Gebet;
du sitzest zur Rechten des Vaters:
Erbarme dich unser.
Denn du allein bist der Heilige,
du allein der Herr,
du allein der Höchste:
Jesus Christus,
mit dem Heiligen Geist,
zur Ehre Gottes, des Vaters.
Amen.

TAGESGEBET

Der Priester lädt uns zum Gebet ein.
In diesem Gebet werden alle Bitten und Anliegen gesammelt und es soll uns vorbereiten und aufmerksam machen für das, was nun im Gottesdienst folgt.

Der Priester singt oder spricht:

P Lasset uns beten ...

Das nun folgende Gebet beschließt
die Gemeinde mit:

G *Amen.*

WORTGOTTESDIENST

Hier in der Heiligen Messe werden nun
Geschichten aus der Bibel vorgelesen.
Die Geschichten heißen Lesungen.
Für jede Heilige Messe sind zwei Lesungen
vorgeschlagen.

Die 1. LESUNG stammt aus dem Alten Testament
(dem ersten Teil der Bibel, der lange vor Jesu
Geburt schon geschrieben wurde). In der Osterzeit
stammt die 1. Lesung aus der Apostelgeschichte.
Dort ist aufgeschrieben, was die Jünger nach Jesu
Tod und Auferstehung erlebt haben.
Die 2. LESUNG wird vorgelesen aus den Briefen des
Apostels Paulus (die aus den ersten christlichen
Gemeinden erzählen), aus den Briefen anderer
Apostel oder aus der Offenbarung des Johannes.

Der Lektor oder die Lektorin, das sind
die Männer oder Frauen, die die Lesung
vortragen, beenden den Text mit:

 „Wort des lebendigen Gottes",
oder
„Das sind die Worte der Lesung".

Die Gemeinde antwortet:

 *Dank sei Gott.*

EVANGELIUM

Jetzt kommt eine ganz wichtige Geschichte. Sie
heißt Evangelium und erzählt aus dem Leben Jesu.
Die vier Evangelisten Markus, Matthäus, Lukas
und Johannes haben damals all das aufgeschrieben,
was wir in der Bibel über Jesus nachlesen können.
Zum Evangelium wird ein besonderer Liedruf gesungen und oft das Evangeliar (so heißt das große
Buch, aus dem das Evangelium vorgelesen wird)
in einer feierlichen Prozession zum Ambo, dem Lese-
pult, getragen.

Der Priester spricht dann:
P Der Herr sei mit euch.

> Die Gemeinde antwortet:
> G Und mit deinem Geiste.

P Aus dem Heiligen Evangelium nach ...

> G Ehre sei dir, o Herr.

Jetzt liest der Priester aus einem der vier
Evangelien, die vom Leben Jesu erzählen.
Am Ende sagt er:
P Evangelium unseres Herrn Jesus Christus.

> G Lob sei dir, Christus.

PREDIGT

In der Predigt, die nun an der Reihe ist, erklärt
der Priester die Geschichte, das Evangelium, das
er eben vorgelesen hat.
Zur Zeit Jesu war ja vieles noch ganz anders,
als es in unserer Zeit ist. Deshalb ist es für uns
heute oft gar nicht so leicht zu verstehen,
was im Evangelium aufgeschrieben ist.
Der Priester versucht nun, das Evangelium
auf unsere Zeit zu übertragen, damit wir
Menschen hier und heute auch verstehen,
was Jesus sagen will.

Seine besondere Liebe und Aufmerksamkeit galt den
Kindern. Sogar seinen Freunden hat er den Kopf
gewaschen, als sie einmal die Kinder wegschicken
wollten. „Lasst die Kinder zu mir kommen!"
hat er ihnen gesagt, die Kinder in die Arme
genommen und sie gesegnet.
Deshalb freut Jesus sich
besonders, wenn auch
heute die Kinder mit
in die Kirche kommen.

DAS APOSTOLISCHE GLAUBENSBEKENNTNIS

Nach der Predigt bekennen wir gemeinsam unseren Glauben. Bekennen heißt, laut sagen: Ja, ich glaube! Dieses Bekenntnis kann gesungen oder gesprochen werden.

> Ich glaube an Gott,
> den Vater, den Allmächtigen,
> den Schöpfer des Himmels und der Erde,
> und an Jesus Christus,
> seinen eingeborenen Sohn, unsern Herrn,
> empfangen durch den Heiligen Geist,
> geboren von der Jungfrau Maria,
> gelitten unter Pontius Pilatus,
> gekreuzigt, gestorben und begraben,
> hinabgestiegen in das Reich des Todes,
> am dritten Tage auferstanden von den Toten,
> aufgefahren in den Himmel;
> er sitzt zur Rechten Gottes,
> des allmächtigen Vaters;
> von dort wird er kommen,
> zu richten die Lebenden
> und die Toten.
> Ich glaube an den Heiligen Geist,
> die heilige katholische Kirche,
> Gemeinschaft der Heiligen,
> Vergebung der Sünden,
> Auferstehung der Toten
> und das ewige Leben. Amen.

 **FÜRBITTEN**

Gott ist ein guter Vater.
Wir dürfen ihm alles sagen, auch unsere Bitten.

Fürbitten – wir bitten für jemanden.
Wir bitten für die Menschen, die jetzt nicht an
diesem Gottesdienst teilnehmen können.
Wir bitten für Menschen, die in Not sind, für
Menschen, die krank sind, für Menschen,
denen es nicht gut geht, für unsere Verstorbenen.

Auf jede Fürbitte antworten wir:

 Wir bitten dich, erhöre uns.

oder:

Herr, erhöre uns.

EUCHARISTIEFEIER –
DAS HEISST DANKSAGUNG

Die Gaben von Brot und Wein werden
zum Altar gebracht.
Der Altartisch wird für die Mahlfeier gedeckt.

Der Priester betet:
Gepriesen bist du, Herr unser Gott,
Schöpfer der Welt.
Du schenkst uns das Brot,
die Frucht der Erde und der menschlichen Arbeit.
Wir bringen dieses Brot vor dein Angesicht,
damit es uns das Brot des Lebens werde.

Gepriesen bist du, Herr unser Gott,
Schöpfer der Welt.
Du schenkst uns den Wein,
die Frucht des Weinstocks
und der menschlichen Arbeit.
Wir bringen diesen Kelch vor dein Angesicht,
damit er uns der Kelch des Heiles werde.

Die Gemeinde singt während des Gebetes
des Priesters meist ein Lied zur Gabenbereitung.

HOCHGEBET

Zum Hochgebet steht die Gemeinde auf.
Ein Zeichen dafür, dass jetzt ein wichtiger Teil
kommt.

P Der Herr sei mit euch.

G *Und mit deinem Geiste.*

P Erhebet die Herzen.

G *Wir haben sie beim Herrn.*

P Lasset uns danken dem Herrn, unserem Gott.

G *Das ist würdig und recht.*

P Darum preisen wir dich, danken dir
und singen das Lob deiner Herrlichkeit:

G *Heilig, heilig, heilig,*
Gott, Herr aller Mächte und Gewalten.
Erfüllt sind Himmel und Erde
von deiner Herrlichkeit.
Hosanna in der Höhe.
Hochgelobt sei,
der da kommt im Namen des Herrn.
Hosanna in der Höhe.

Nun kniet sich die Gemeinde hin. Der Priester
spricht die Worte, die Jesus beim letzten
Abendmahl gesagt hat. Er hat mit seinen Jüngern
zum letzten Mal gemeinsam gegessen. Er hat ihnen
gesagt: Ich muss bald sterben, aber ich möchte,
dass ihr immer an mich denkt, wenn ihr Brot und
Wein miteinander teilt. Er schenkt sich uns in
diesem Brot. Wir glauben, dass durch die Worte
des Priesters aus Brot und Wein heiliges Brot und
heiliger Wein werden. Wir sagen auch Leib und
Blut Christi.

Ⓟ Geheimnis des Glaubens:

Ⓖ *Deinen Tod, o Herr, verkünden wir,*
und deine Auferstehung preisen wir,
bis du kommst in Herrlichkeit.

Ⓟ Durch ihn und mit ihm und in ihm ist dir,
Gott allmächtiger Vater, in der Einheit
des Heiligen Geistes alle Herrlichkeit und
Ehre jetzt und in Ewigkeit.
Amen.

So, wie die Freunde Jesu später noch oft dieses
Mahl miteinander gefeiert haben, genauso feiern
auch wir heute dieses Mahl miteinander. Wir teilen
das Brot, ganz so, wie Jesus es uns aufgetragen
hat. Und wir wissen: Jesus ist jetzt bei uns, hier
in Brot und Wein.

VATERUNSER

Jetzt folgt sozusagen das Tischgebet der Messfeier.
Das Gebet, das Jesus schon mit seinen Jüngern
gebetet hat:

P Wir heißen Kinder Gottes und sind es. Darum
beten wir voll Vertrauen: *oder:* Lasset uns
beten,wie der Herr uns zu beten gelehrt hat.

> **G** Vater unser im Himmel,
> geheiligt werde dein Name.
> Dein Reich komme.
> Dein Wille geschehe,
> wie im Himmel, so auf Erden.
> Unser tägliches Brot gib uns heute.
> Und vergib uns unsere Schuld,
> wie auch wir vergeben unsern Schuldigern.
> Und führe uns nicht in Versuchung,
> sondern erlöse uns von dem Bösen.

P Erlöse uns Herr, allmächtiger Vater, von allem
Bösen und gib Frieden in unseren Tagen.
Komm uns zu Hilfe mit deinem Erbarmen
und bewahre uns vor Verwirrung und Sünde,
damit wir voll Zuversicht das Kommen unseres
Erlösers Jesus Christus erwarten.

> **G** Denn dein ist das Reich und die Kraft
> und die Herrlichkeit in Ewigkeit. Amen.

FRIEDENSGEBET

Das gemeinsame Essen macht nur Freude, wenn sich alle vertragen. Zank und Streit am Tisch verderben allen den Appetit. Deshalb bitten wir Jesus darum, dass er uns hilft, Frieden zu halten.

P Der Herr hat zu seinen Aposteln gesagt:
Frieden hinterlasse ich euch,
meinen Frieden gebe ich euch.
Deshalb bitten wir:
Herr Jesus Christus, schau nicht auf unsere Sünden, sondern auf den Glauben deiner Kirche
und schenke ihr nach deinem Willen Einheit und Frieden.

Der Friede des Herrn sei alle Zeit mit euch.

Und mit deinem Geiste.

Lamm Gottes, du nimmst hinweg die Sünde der Welt.
Erbarme dich unser.
Lamm Gottes, du nimmst hinweg die Sünde der Welt.
Erbarme dich unser.
Lamm Gottes, du nimmst hinweg die Sünde der Welt.
Gib uns deinen Frieden.

KOMMUNION

Jetzt gleich kommt Jesus in der Kommunion
ganz zu den Menschen.
Der Priester hält ein Stück heiliges Brot hoch,
sodass alle es sehen können und betet:

Ⓟ Seht das Lamm Gottes,
das hinweg nimmt die Sünde der Welt.

Gemeinde und Priester beten gemeinsam:

*Herr, ich bin nicht würdig, dass du eingehst unter mein Dach,
aber sprich nur ein Wort, so wird meine Seele gesund.*

Beim Austeilen des heiligen Brotes sagt der Priester:
Der Leib Christi.

Die Menschen,
die das Brot empfangen, sagen:
 Amen.

90

Ja, so ist es. Dieses Brot ist Leib Christi. In vielen
Gemeinden – bei euch sicher auch – ist es ein
schöner Brauch, dass die Kinder, die noch nicht zum
ersten Mal zur Heiligen Kommunion gegangen sind,
mit ihren Eltern und Geschwistern zum Austeilen
der Kommunion gehen und vom Priester gesegnet
werden. Ein besonderes Zeichen, dass Jesus die
Kinder liebt und bei sich haben will. Du bist eingeladen und es ist schön, dass du da bist!
Nach der Kommunion ist Zeit für ein stilles Gebet.
Vielleicht fällt dir selber ein, was du dem lieben
Gott erzählen möchtest: Was hat dich gefreut.
Worüber hast du dich geärgert. Wofür möchtest
du Danke sagen. Wenn du grad so gar keine Idee
hast, dann schau doch einfach mal im ersten Teil
dieses Buches nach. Da findest du ganz viele
Gebete.

GEBET NACH DER KOMMUNION

Wenn der Altartisch wieder abgedeckt ist,
spricht der Priester ein Dankgebet. Genauso,
wie du es sicher von zu Hause kennst,
wenn ihr nach dem Essen betet.
Manchmal wird auch ein Danklied gesungen.

ENTLASSUNG – AUSSENDUNG

Der Gottesdienst ist nun zu Ende.
Zeit, dem lieben Gott „Auf Wiedersehen" zu sagen.
Tschüs, lieber Gott, bis zum nächsten Mal!

Der Priester sagt es mit etwas anderen Worten:

P) Der Herr sei mit euch.
    G) *Und mit deinem Geiste.*
P) Es segne euch der allmächtige Gott,
    der Vater, der Sohn und der Heilige Geist.
    G) *Amen.*
P) Gehet hin in Frieden.
    G) *Dank sei Gott, dem Herrn.*

Gott schenkt uns seinen Segen.
Er sagt uns zu: Ich habe euch lieb. Ich bin bei euch!

Es war schön, dass du diesen Gottesdienst
mitgefeiert hast! Bis zum nächsten Mal. Klar, dass
du beim Rausgehen aus der Kirche an die Kniebeuge
denkst und auch beim Weihwasserbecken noch
einen Zwischenstopp für ein Kreuzzeichen einlegst.

Nu' aber los!

Inhalt

1. Beten – wie geht das denn?   3

2. Grundgebete
Kreuzzeichen   9
Vaterunser   9
Glaubensbekenntnis   13
Schuldbekenntnis   15
Gegrüßet seist du, Maria   16
Das Rosenkranzgebet   17
Das Angelus-Gebet   22
Der Heilige Geist   24

3. Du hörst mich, lieber Gott
Gebete über Glaube, Hoffnung
und Liebe   28
Gebete zum Loben und Danken   29
Im Vertrauen auf Gott
beten und bitten   31
Gebete um Verzeihung   32

4. Immer bist du da

Morgengebete	36
Gebete am Mittag	37
Abendgebete	38
Tischgebete	39
Segensgebete	41

5. Du lebst mit mir, lieber Gott

Gebete für vertraute Menschen: Eltern, Großeltern, Geschwister, Freunde	46
Gebete, wenn es mir nicht gut geht (Ärger, Krankheit …)	49
Gebete zur Einschulung und Erstkommunion	51
Gebete „im Angesicht des Todes"	52

6. Du hältst die ganze Welt in deiner Hand

Gebete zur Bewahrung der Welt	56
Gebete um Frieden	57
Gebete für die Einheit der Christen und den Dialog zwischen den Religionen	59

Teil 2.

KIRCHENRAUM UND GOTTESDIENST

1. Willkommen im Raum der Kirche

Weihwasser und Weihwasserbecken	64
Kreuz	65
Tabernakel	66
Marienbild	67
Opferkerzen	68

2. Der Ablauf der Heiligen Messe

Willkommen im Gottesdienst!	72
Eröffnung	74
Schuldbekenntnis und Kyrie	75
Gloria	78
Tagesgebet	79
Wortgottesdienst	80
Eucharistiefeier – das heißt Danksagung	85
Entlassung – Aussendung	92

www.bibelwerk.de

ISBN 978-3-460-28057-1 Normalausgabe
ISBN 978-3-460-28016-8 bibliophile Ausgabe

2. Auflage 2010

Umschlaggestaltung und Layout: www.summerer-thiele.de
Druck und Bindung: Ludwig Auer GmbH, Donauwörth